Perdona si no te llamo amor

Perdona si no te llamo amor

Paula Arbona Sánchez

TEXTOS
Paula Arbona Sánchez

PORTADA
Lily Vainylla (@lilyvainylla_)

MAQUETACIÓN
Andrea Gómez Expósito

NÚMERO DE EDICIÓN
Primera

EDICIÓN
Postdata Ediciones

ISBN
978-84-19411-74-7

DEPÓSITO LEGAL
V-1351-2024

Para Laëtitia y Josep

Mi máxima más mínima:
Te quiero.

Cuando te vi,
la fauna del mundo cayó y retozó en mis ojos.

Nos miramos a los ojos
y nuestro infierno habló por nosotros.

Me haces el corazón agua.

Lo que me aterra de lo nuestro es lo real que es. Lo sano que es. Me fuerzas a mejorar como persona, a abrirme, a explorarme. Cada vez me vuelvo más vulnerable y más resistente, como una rosa floreciendo en el cemento. No tengo más remedio que quererte. No tengo más remedio que esforzarme para ver aquello que no me gusta de mí y trabajarlo para poder corresponderte de la mejor manera.

Lo que me aterra de lo nuestro es que no se parece en nada a lo que había vivido hasta ahora. Había vivido la pasión, había vivido el peligro, el deseo, el odio. La tormenta. Pero esto que me das, esta sensación no la conocía. Paz. ¿Cómo puede darme miedo esta paz?

Nuestro cerebro está configurado para detectar serpientes en el suelo. Esto es debido a un mecanismo primigenio que trata de salvaguardar la especie humana. Esa es mi mayor aberración. Lo confieso. Intento anticipar la serpiente antes de que ella me encuentre a mí.

Por eso intento encontrarte defectos, aunque no los tengas. Aunque solo existan en mi mente. Necesito protegerme. Soy un bípedo asustado buscando calor en su hoguera. Dibujo con mis manos en las paredes de una cueva y espero. Rezo a dioses que no contestan. Debo sobrevivir. ¿No lo entiendes?

Necesito escapar de esto. No porque sea malo para mí. Justo por eso. Porque es bueno. Demasiado bueno. Necesito irme lejos. Necesito cubrirme. Resguardarme. Antes de que abrirme más implique ser vulnerable de verdad y que me puedan hacer daño. Lo más valiente sería quedarse. Afrontar mi miedo. Pero lo más racional ante algo tan bueno es cuestionarlo. Porque nunca he tenido algo así. Joder. No sé si merezco algo así. Quizás por eso debo, siento, que debo huir, antes de que marcharte signifique matarme. Antes de que te vayas como lo hacen todos. Necesito curarme.

No seré nunca tuya
aunque intentes abrazarme
con todas tus fuerzas,
me escurriré entre tus dedos.
Jamás cabré en tu cuerpo,
aunque me vuelva agua,
aunque me vuelva el océano.
Aun si clavaras
tu bandera en mi arena,
triunfante y riendo,
aun si yo me volviera la noche
y tú robaras cada estrella
con las manos llenas
de ambición y deseos,
aún así, mis cometas
no podrían concedértelos.
La noche,
sus estrellas,
sus astros,
quizás serán tuyos.
Pero lo que soy yo,
mi alma,
mi cuerpo
y mis sueños,
siempre serán míos,
siempre se escurrirán
entre tus dedos.

Sufrir menos
no es sentir menos.
Sufrir menos
es sentir más
sin miedo.

Es inevitable.
La catarata termina atentando
contra su propia imagen.
Disculpa que vaticine mi futuro
de triste pájaro caído
cuando el cielo me rechace.

Para verme de verdad
no debes usar tus ojos.

Me ablando hablando.

Me diste un helado.
"Esto es amor.", dijiste.
Estaba bueno,
pero era frío.
Tenías buenas intenciones,
pero ahora lamo el suelo.
Se derritió en mis manos.

¿Recuerdas cuando
corríamos hacia el campo
y yo abrazaba tu cuerpo
para que el viento
no pudiera derribarnos?
No fue suficiente el peso.
Nuestras cabezas yacen sobre el pasto
como criaturas que fallecieron tan rápido
que no hubo tiempo de llorarles,
no hubo tiempo para enterrarnos.
No recuerdo bien qué amamos
pero hay momentos de claridad
en los que podría asegurar
que tú y yo fuimos agua,
tú y yo fuimos el mar.
Cuando me adentro en el océano
y las olas son tus manos,
me estremezco y las beso,
hasta que no puedo evitar llorar.
En otros momentos,
lo veo tan claro, podría jurar,
una vez fuimos esos pájaros
que dejaron en la arena sus pasos
mucho antes de aprender a volar.
Otras veces pienso,
quizás fuimos las estrellas,
porque cada vez que la noche llega,
mirándola a los ojos
algo en mí se quiebra.
Echo de menos tus pestañas,
la luz de tu iris,
tu pupila de cristal.

Fuimos algo, ciertamente,
pero el qué es difícil de recordar.
No lo recuerdas.
No fue suficiente el peso.
El viento derribó nuestros cuerpos
danzando en el campo
nada más llegar.

Aclaro mi situación.
De mar, herida.
De hombre, malherida.

Echaste el mar en llamas,
te quedaste mirándolo
y lo más aterrador
no fue eso.
Fue buscar en tu mirada
el reflejo del fuego
y al encontrar tus ojos,
no poder verlo.

Me desangro
y es tu sangre.
No la mía.

¿Lo amo?

Lo amo.

Lo amo todavía.

Aun cuando
con cada paso
que doy hacia él
me asome al vacío.

Aun cuando sea su boca mi pecado,
mi despertar más dormido;
cometería de nuevo el mismo error.

Poner sobre su abismo mis labios
hasta caer en él
y pedir clemencia a Dios.

El aire son sus manos
y yo lo necesito.

Sí, lo amo todavía.

Aún se acurruca en sus brazos
el nido de mi corazón.

Confieso que cada noche
salgo al balcón
y miro las luces tras las ventanas.
Juraría ver tu rostro.
Dejo la mía apagada
porque así todo el mundo sabe
que mi corazón está roto
y que no hay nadie en casa.
Me pregunto cuánta gente
antes de correr las cortinas
se asoma a la suya
y busca lo mismo.

Estoy en el banco en el que besé
a dos hombres diferentes.
La misma ciudad.
La misma arena.
La misma mujer
que vuelve sola
siempre.

Mi pecado es olvidar
que hay quien no es capaz de amar.

Una historia de amor en 4 sintagmas

Un vaso.

Un cepillo de dientes.

Dos cepillos de dientes.

El vaso vacío.

Cuando la lluvia cae
y se escurre entre mis dedos,
sé que eres tú.

Lo que Tinder se llevó

Todos es nadie.

OTRA HISTORIA DE AMOR

Nosotros.
N o s o t r o s.
N o s o t r o s.
N o s o t r o s.
N o s o t r o s
N o s o t r
N o s
N o
N

Tu
hueco
tiene
silueta
de océano.

Cerré la herida
pero te quedaste dentro.

Me sé de memoria mi olvido.

Le pedí al cielo
que me llevara a ti
y entonces
llovió.

Lo que me ahoga en el vaso
no es el agua.

Érase una vez
una eternidad tan pequeña
que pudo prometerse.

Mi corazón
es la singular caracola
que para reproducir
el sonido del mar
recuerda tu voz.

En cheroqui
no existe la palabra "adiós".
Las relaciones humanas
se consideran un ciclo perfecto
que nunca se acaba.
Denadagohvyu.
Hasta que nos volvamos a ver.

Escribo poemas a mano(s).
Todo lo que escribo
lo escribe
quien me ha tocado.

La erupción fue un espectáculo conmovedor. El momento inmortalizado evidenció literalmente la vulnerabilidad en los detalles de la vida cotidiana. La mayoría morimos boca arriba, cubriendo el rostro con los brazos o intentando tapar la boca con nuestros propios vestidos. Otros perecemos boca abajo, aferrándonos a nuestras joyas, mientras los padres intentan proteger a sus hijos. En las casas abundaban inscripciones grabadas en las paredes, muestras del dialecto empleado en la calle. La palabra romana para burdel era lupanar, que significa "guarida de lobas", ya que a la prostituta se la llamaba vulgarmente *lupa* ("loba"), debido a la creencia popular que la suponía una hembra promiscua.

De este modo, los primeros excavadores, guiados por la modestia estricta de la época, clasificaron rápidamente como burdel cualquier edificio que contuviera pinturas eróticas y un colchón sobre una plataforma de ladrillo, incluyendo nuestra casa. ¿No es gracioso?

Debido a las gruesas capas de ceniza que cubrieron la ciudad situada en la base de la montaña, su nombre y localización exacta acabaron olvidados con los siglos. Mujeres y hombres, ajenos a nuestro terremoto y catástrofe, caminan despreocupadamente sobre nosotros desde entonces. Sus pies a veces nos besan las heridas; otras, las abren. Me pregunto si los dedicados excavadores, al descubrir nuestro cuerpo de lozana ceniza, nos hallaron abrazados durante nuestros últimos segundos de vida; o si, al contrario, formamos la inquietante escena de dos cuerpos, que a pesar del frío y el miedo, continuaron dándose la espalda, completamente ajenos.

Espero que algún día,
cuando hayas sentado la cabeza
y ella te dé los pájaros
que yo no tenía en las manos,
puedas entonces leerme
y veas que siempre te deseé lo mejor.
Tenerlo todo me dio mucha sed:
la clase de sed que da el agua.
El arrepentimiento es mi nuevo corazón,
desgastada la cáscara,
mi pecho es un patio.
Cavo en él en busca de tus huesos,
pero hay niños llorando
y no puedo encontrarlos.
Demasiado jóvenes, demasiado tontos.
Te veré en otra vida.

Siento que estoy llorando la muerte de alguien.
No sé si el cadáver eres tú o yo.
¿Pueden ser ambos?
El eterno dilema, *my sweet love.*
Antes de que vengan las moscas,
¿me entierras tú o me entierro yo?

Es tan honda la soledad que aquí has dejado
que me lanzo en soledades ajenas,
hasta que la mía se duerme.
Entonces, juego a ser Dios un rato,
dibujo constelaciones y planetas
sobre cada espalda desnuda,
hasta que el resultado final
es un fiel retrato del mapa
que cada tierno lunar
dibujaba en la tuya.

Persigo a los hombres
como un perro rabioso.
El olor del hombre muerto
me recuerda al amor.
Así es cómo me gustan.
Muertos.
Amontonados.
Me recuerda a mi hogar.
Mi venganza comienza
a cuatro patas.
Convierto su corazón
en una línea
de costilla, cadera
y mandíbula.
Qué perro tan bien entrenado.

Supongo que podré enamorarme
de un hombre normal.
Uno de mi tierra,
casarme con él antes de los treinta.
Conseguir un trabajo formal
y tener dos hijos.
Mijn geliefde,
no podré llamarlos Drika y Vandor.
Los hombres de Holanda,
schatje, tesoro mío,
deseáis las mujeres de España
cuando sois jóvenes
y las amáis
tan solo cuando el cabello
ya no es tan negro.
Tengo la certeza de que entonces
tú encontrarás la tuya
de caderas generosas y fértiles.
Cumple tu promesa
y llama a tu hija Sofía
y a la segunda,
si Dios lo quiere,
Celeste.

Conocí a un hombre
y a un poeta.
Uno estaba vivo,
el otro estaba muerto.
Me enamoré de ambos
y ninguno resultó ser tú.
Fue como en ese poema
de Cohen,
el que te gustaba tanto,
el que mojando las manos,
nos puso cachondos.
Es curioso.
¿Cómo pudo un abrazo
hacernos sentir
aún más solos?

El peor amo es un te amo.

Es más fácil dar la vuelta al mundo
que a la mente.

"De un laberinto se sale.
De una línea recta no.",
sentenció una vez un poeta.
A lo que yo digo, si un laberinto
es una sucesión de líneas rectas,
¿cómo se sale de ellas?

Quizás me atraen los hombres muertos
porque tengo tanto amor
y tantas ganas de vivir
que siento la obligación
de hacer vivir a otros.

En la pareja de un hombre y una mujer
que dan un paseo a orilla del mar,
tú eres el hombre
y yo soy, simultáneamente,
la mujer y el camino.

A veces creo
que si pudiera dividirme,
dedo a dedo,
corazón a corazón,
mi yo seguiría siendo centro
de un círculo sin diámetro.

Primera persona del plural: yo.

Mi garganta es un túnel que da a un incendio.

El corazón es el único órgano
expuesto en los ojos.

Para caer
   solo tengo
      que intentar
         alcanzarte.

El corazón
es la creación más solitaria de Dios.
Cuántas cosas pasan
sin darse cuenta:
un abrazo, una blusa, una rosa.
"Si hubiera dos como yo", piensa.
"Si al menos tuviera
un árbol genealógico,
una casa, un perro cerca de mí
junto al fuego que cruje,
un marido querido
acunando a un niño que llora".
Pero el corazón
no sabe nada de esto
y se queda así,
muriéndose de hambre
a un palmo de distancia
de otro corazón
que lo busca.

Ahora que estás dormido
voy a hablar contigo.
Adán, ¿no te hago daño?
¿Acaso no me hizo Dios
de tu costado?
Despierta, estoy desnuda.
Cuando esté madura
derramaré mi vida,
lo que yo sea de fruto
será mi hija,
lo que yo sea de mujer
será ceniza.

Quiero morir escribiendo
bajo un olivo
sin celos del pasado,
durmiendo mis noches
sintiendo tus manos
en mis sueños.
Lo que me pasa es que
te sigo queriendo
te sigo deseando
y sólo bebo agua.
Qué tontería,
querer morir escribiendo,
querer morir contigo
bajo un olivo.

Tal vez sólo hay un camino
y todo lo demás
son atajos, travesías y sendas
que llevan hasta él.

Todo dolor es muerte y nacimiento.

Constató que la memoria era eso:
Una constante catarata
cayendo hacia dentro.

Mis células,
como endebles naves,
amotinan tu recuerdo
contra mi propia sangre.

Sigo buscando el amor
en las cigarras de verano.
Tan cerca, tan claras
y, sin embargo, no las encuentro.
Su canto me embriaga
y, sin embargo, no sé
de dónde viene.
Sé que el amor existe.
¿Pero en qué rama?
¿En qué árbol?

En mayo te espero
llena de lluvia.
Espero tus huesos
como el cerezo
que anticipa
el invierno.
No creo
que te vuelva a ver.

Los recuerdos son arena
entre los dedos de los pies.
¿Cómo sacudirlos?
¿Cómo olvidar lo aprendido?
Sé nadar, sé amar.
Es lo mismo.

¿Con quién en la Tierra puedo caerme muerta?
En un verano como este, amigo mío,
¿no vendrás a verme?
La luna parece tan suave como la seda.
Los grillos florecen alegres.

Amar a mareas
y no a secas.
Abandonarse
al (a)mar.

No todos los ojos que se ven se encuentran.

Cuánto he ganado perdiendo.

Si muriera mañana
observa a los pájaros cuando pasan,
ve en ellos una extensión de mí.
Despierta, me levantaré sin propósito,
con los ojos bien cerrados,
para vislumbrar lo ciega que una vez pude ser.
En el recodo de la nuca del árbol, se despliega una vida secreta,
las abejas coquetean con las flores del campo,
una silenciosa canción de amor al mundo.
Un oso, en su guarida junto al arroyo,
comienza su sueño invernal,
y un salmón salta río arriba, una promesa que cumplir.
Todo el tiempo, el nicho de mi padre se cierne en la memoria,
silencioso y firme, una raíz en mi árbol genealógico.
Caminaré suavemente, sin hacer ruido al embarcar,
sólo para oír mi propia voz resonar en la oscuridad.
Reflexionando sobre mi viaje, por fin puedo ver,
lo fugaz que puede ser mi huella, mi vida.

Un beso poliniza la boca.
Busca florecer una historia.

Escribir es vivir tres veces.
Como el que escribe,
como el que vive
y como el que lee.

Mi propósito en la Tierra
es dispersar la primavera.

No soy nada más ni nada menos que la hoja caduca de un árbol perenne.

Te quise tanto
que al sentir tu cuchillo
resbalar entre mi carne,
yo misma lo clavé más hondo
para evitar que te cortases.

Y después de todo
he llegado a la conclusión
de que lo más valiente
que un ser humano
puede llegar a hacer
es amar.